HWYLIADUR
sbondonics

BYD YR ANIFEILIAID

Ysgrifennwyd gan Peter Lafferty
Darluniwyd gan Mike Donnelly

D1784316

Addasiad Twm Elias

ⓗ 1995 Gwasg Gomer, Llandysul, Dyfed
Teitl gwreiddiol: *Animal Kingdom*
© 1993 Henderson Publishing plc

Beth yw anifail?

Beth yw anifail?
Mae planhigion yn gwneud eu bwyd eu hunain o'r awyr, o ddŵr, ac o'r mineralau yn y pridd. Ond mae anifeiliaid yn hollol wahanol. Maen nhw'n bwyta planhigion ac anifeiliaid eraill. Maent yn symud o gwmpas hefyd. Fel popeth byw mae anifeiliaid yn cenhedlu (yn cael rhai bach). Mae yna o leia filiwn o wahanol fathau o anifeiliaid, o'r bacteria bychain a welir trwy ficrosgop yn unig i'r morfil glas anferth.

Mae o leia 700,000 math o bryfed, 11,000 math o adar, 5,000 math o ymlusgiaid (nadroedd, madfallod a'u perthnasau), 13,000 math o bysgod, 3,000 math o amffibiaid (sef anifeiliaid sy'n medru byw ar dir ac yn y dŵr), 2,000 math o neidr gantroed ac 8,000 math o neidr filtroed! Mae yna hyd yn oed 35,000 aelod o deulu'r pryfed cop.

Trwy'r microsgop

Mae bron pob firws, bacteria, burum a hefyd sborau llawer o greaduriaid a phlanhigion yn rhy fach i'w gweld â'r llygad noeth. Gallai cannoedd o filoedd o firysau gael eu gosod ar yr atalnod llawn ar ddiwedd y frawddeg hon. Mae bacteria fel arfer tua 10-100 gwaith yn fwy na firws, ond ychydig iawn ohonynt sydd yn fwy na chelloedd coch ein gwaed ni (ac mae 5 miliwn o gelloedd coch ym mhob diferyn o waed).

Yr anifail mwyaf

Y morfil glas yw'r anifail mwyaf a'r trymaf sydd erioed wedi byw. Gall dyfu i 33m o hyd a phwyso tua 200 tunnell, sydd yr un pwysau â 40 eliffant. Yr eliffant yw'r anifail mwyaf sy'n byw ar y tir ond nid yw'n cyrraedd taldra o fwy na 3.5m. Yr anifail talaf ar y tir yw'r jiráff, sydd yn 5.5m.

Y creadur peryclaf

Nid y llew na'r teigr yw'r peryclaf i bobl, ond y parasit bychan microsgopig sy'n achosi'r afiechyd *malaria*. Mae'n debyg bod y creadur bychan hwn wedi bod yn gyfrifol am dros hanner holl farwolaethau pobl dros y canrifoedd.

Y sglefren fôr fwyaf
Roedd corff y sglefren fôr fwyaf a fesurwyd dros 1.8m ar draws, a'r tentaclau'n 36m o hyd.

Y gath fôr fwyaf
Gall y manta fesur 6m ar draws. Symuda drwy'r dŵr drwy ysgwyd ei hesgyll fel adenydd. Weithiau bydd yn neidio o'r dŵr yn uchel i'r awyr.

Y creadur cryfaf
Yr Herciwlïs, neu'r Chwilen Rhinoseros, sydd yn tyfu i 16cm o hyd, yw'r pryfyn mwyaf. Gall gynnal pwysau ar ei chefn o 850 gwaith pwysau ei chorff ei hun. Nid yw'r record codi pwysau i ddyn yn fwy na dwy waith ei bwysau ei hun.

C uro adenydd yn gyflym
Gall piwiaid neu wybed bychain guro eu hadenydd ar gyflymder o dros 10,000 gwaith bob eiliad.

Y pryfed lleiaf

Mae dau bryfyn ymysg y lleiaf o holl anifeiliaid y byd. Y rhain yw y chwilen asgell flewog a'r gleren dylwyth teg. Nid ydynt ond 0.2mm o hyd. (Y pryfyn mwyaf yw benyw'r pry pric cawraidd, sydd yn 330mm o hyd!)

Pryfed cop mawr a bach

Y pryfed cop mwyaf yw teulu'r corryn dal adar o Dde America. Gall eu cyrff fod dros 7.6cm o hyd a'u coesau'n ymestyn dros 25cm. Ceir y pry copyn lleiaf yn Awstralia ac mae ei gorff yn mesur llai na 1mm o hyd.

Yr anifeiliaid lleiaf

Y mamal lleiaf (anifail sy'n geni ei rai bach yn fyw ac yn rhoi llaeth iddynt) yw llyg lleiaf Savi. Hyd ei gorff a'i ben yw 3.8cm ac mae'n pwyso 1.5g. Bydd llyg lleiaf yn bwyta pryfed a phryfed cop sydd bron cymaint ag ef ei hun!

Ystlumod peryglus

Nid yw ystlumod fel arfer yn beryglus, ond mae'r ystlum fampir o Dde America yn sugno gwaed. O'r herwydd gall drosglwyddo afiechydon fel y gynddaredd.

Plymwyr dyfn

Gall morloi blymio i ddyfnderoedd o dros 1,200m ac aros o dan y dŵr am ddwy awr. Mae'n gyffredin iddynt blymio i tua 800m, ac ni fyddant 'allan o wynt' ar ôl cyrraedd yn ôl i'r wyneb!

Llawer o blu

Mae gan aderyn mawr fel alarch tua 25,000 o blu.

Y creadur cyflymaf

Yr hebog tramor yw'r creadur cyflymaf yn y byd. Pan mae'n plymio drwy'r awyr ar ôl ei brae gall gyrraedd cyflymder o 347km yr awr.

Yr aderyn arafa

Yr aderyn arafa yw'r cyffylog Americanaidd sy'n gallu hedfan cyn arafed ag 8.5km yr awr. Gwna hyn pan mae'n ceisio denu cymar. Mae o leia hanner adar y byd yn gallu cyrraedd 65km yr awr wrth hedfan yn wastad.

Y teithiwr pella

Bydd morwennol y gogledd yn ymfudo bob blwyddyn o'r Arctig i'r Antarctig ac yn ôl, sydd yn gylchdaith o 36,000km.

Adenydd llydan

Yr aderyn â'r lled mwyaf i'w adenydd yw'r albatros teithiol. Ar gyfartaledd mae'n ymestyn tua 3.2m ond cafwyd ambell un dros 3.9m. Mae gan rai ystlumod adenydd sydd hyd at 1.8m o led, a rhai ieir bach yr haf hyd at 27.5cm.

Yr aderyn mwyaf cyffredin

Mae yna o leia 1,500 miliwn cwelea pig-goch yn y rhannau sych o Affrica i'r de o'r Sahara. Bydd o leia 1,000 miliwn ohonynt yn cael eu lladd bob blwyddyn i geisio cadw eu nifer dan reolaeth, ond heb lawer o effaith. Amcanwyd bod un haid ohonynt yn cynnwys 23 miliwn o adar.

Yr aderyn lleiaf

Yr aderyn lleiaf yn y byd yw'r aderyn y si gwenynaidd o Cuba. Nid yw ei gorff ond ychydig dros 25mm o hyd ac mae'n ysgafnach na rhai gwyfynod.

Yr ymlusgiad mwyaf

Crocodeil dŵr hallt de-ddwyrain Asia, Malaya, Indonesia a gogledd Awstralia yw'r ymlusgiad mwyaf. Gall y rhai gwryw gyrraedd 4.8m o hyd a phwyso dros 500kg.

Y fadfall fwyaf

Ceir y fadfall fwyaf, sef draig Komodo, ar ychydig o ynysoedd yn Indonesia. Gall dyfu i dros 3m a phwyso 160kg. Y fadfall hiraf yw monitor Salvador ar ynysoedd Papua Guinea Newydd sydd yn gallu bod dros 4.75m o hyd.

Yr anifail mwyaf gwenwynig

Daw'r gwenwyn mwyaf marwol yr ydym yn gwybod amdano o groen y llyffant gwenwyn-saeth aur o Golombia. Mae digon ohono mewn un llyffant i ladd 1,500 o bobol. Yn rhyfedd, mae'r llyffant yn cael ei hela a'i fwyta gan neidr sy'n gallu gwrthsefyll y gwenwyn.

Pryfed genwair a llyngyr

Roedd y pry genwair, neu fwydyn, hiraf a welwyd erioed yn mesur 6.7m ac yn dod o Dde America. Roedd yr un byrraf yn ddim ond 0.5mm o hyd. Gall y llyngyr hir sydd yn barasitau yng nghylla pobol fod cyn hired â 18m. Fel arfer maent tua 9m.

Y neidr gantroed fwyaf

Y neidr gantroed fwyaf yw'r scolopender cawraidd o ganolbarth America. Gall dyfu i 30cm o hyd a 2.5cm ar draws. Mae'n ddigon mawr i ddal llygod a madfallod.

Yr amffibiad mwyaf a hynaf

Salamander mawr Japan yw'r amffibiad mwyaf, yn tyfu i 1.5m o hyd. Gall fyw am 60 mlynedd mewn caethiwed.

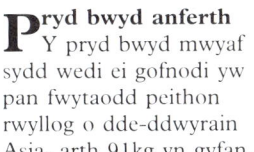

Pryd bwyd anferth

Y pryd bwyd mwyaf sydd wedi ei gofnodi yw pan fwytaodd peithon rwyllog o dde-ddwyrain Asia, arth 91kg yn gyfan.

PRYFED A THRYCHFILOD

Llawer o wahanol fathau

Mae tua thair gwaith cymaint o wahanol fathau o bryfed ag sydd yna o'r holl fathau eraill o anifeiliaid gyda'i gilydd. Hyd yn hyn disgrifiwyd ac enwyd tua 700,000 o rywogaethau ohonynt, ond mae'n debyg bod pum gwaith y nifer hwn eto i'w darganfod.

Llawer o bryfed

Amcangyfrifir bod tua 10 miliwn biliwn o bryfed unigol yn fyw ar unrhyw adeg. Golyga hyn fod tua miliwn o bryfed ar gyfer pob un ohonom ni ac mae miliwn o bryfed yn pwyso tua 12 gwaith mwy na phwysau oedolyn dynol.

Termeit magnetig

Bydd y termeitiau cwmpawd o ogledd Awstralia bob amser yn adeiladu eu nythod i gyfeirio i'r gogledd. Mae'n debyg eu bod yn defnyddio magnetedd naturiol y Ddaear i'w helpu i gael y cyfeiriad yn iawn. Gall y nythod fod yn 6m o uchder ac mae angen cyfnod o wyth mlynedd i'w hadeiladu.

Morgrug yn amaethu

Mae'r morgrug torri dail o Dde America yn tyfu madarch. Byddant yn torri dail a phlanhigion yn ddarnau bach a'u cario'n ôl i'w nyth. Yna byddant yn cnoi'r dail i greu math o gompost a'i daenu ar lawr siambrau yn y nyth. Mae ffwng, neu fadarch, yn tyfu yn y compost a hwn yw bwyd y morgrug.

Morgrug call

Y creadur â'r ymennydd mwyaf mewn perthynas â maint ei gorff yw'r morgrugyn.

Morgrug yn ransio

Mae rhai morgrug yn cadw gyrroedd o bryfed o'r enw llyslau, neu 'fuchod y morgrug', fel y mae pobol yn cadw gwartheg. Bydd y morgrug yn casglu'r llyslau i'w nyth lle byddant yn eu bwydo ac edrych ar eu holau. Pan fyddant angen diod bydd y morgrug yn eu rhwbio â'u teimlyddion, neu'n eu 'godro', i gael hylif melys o'r enw melwlith ohonynt.

Gwas y neidr tanddŵr

Treulia'r gwas y neidr y rhan fwyaf o'i fywyd dan ddŵr. Bydd yr un ifanc (larfa) yn newid ei groen amryw o weithiau wrth dyfu cyn dringo o'r dŵr a throi'n oedolyn. Gall yr oedolyn hedfan a bydd yn byw am rai misoedd. Mae rhai mathau o was y neidr yn gallu cyrraedd cyflymder o 64km yr awr.

Buwch goch gota smotiog

Mae gan wahanol fathau o fuwch goch gota nifer gwahanol o smotiau. Bydd rhai ag un smotyn ar gas pob adain, a rhai eraill â 3, 4, 6, 7, 10 neu 22. Cas adain coch â smotiau duon sydd gan y rhan fwyaf ond mae gan rai gas adain du â smotiau coch a rhai eraill gas adain melyn â smotiau duon.

Cartref o gregyn

Mae cynrhonyn y gwainbryf yn byw mewn pwll neu lyn. I'w amddiffyn ei hun bydd yn adeiladu gwain o gregyn bychain a graean o amgylch ei gorff ac yn eu glynu wrth ei gilydd â glud o'i gorff. Bydd rhai mathau o wainbryf yn cario eu cartref gyda nhw, tra bydd eraill yn ei lynu wrth garreg.

Chwilen y dom sanctaidd

Bydd aelodau o deulu'r scarab, neu chwilen y dom, yn rowlio pelen o garthion anifail i dwll yn y ddaear ac yn dodwy wyau ynddi. Dyma ffordd effeithiol iawn o sicrhau bwyd i'r rhai bach pan fyddant yn deor o'r wyau.

Credai trigolion yr Aifft yn yr hen amser fod y chwilen scarab yn sanctaidd ac arferent wisgo addurniadau tebyg iddi i ddod â lwc dda.

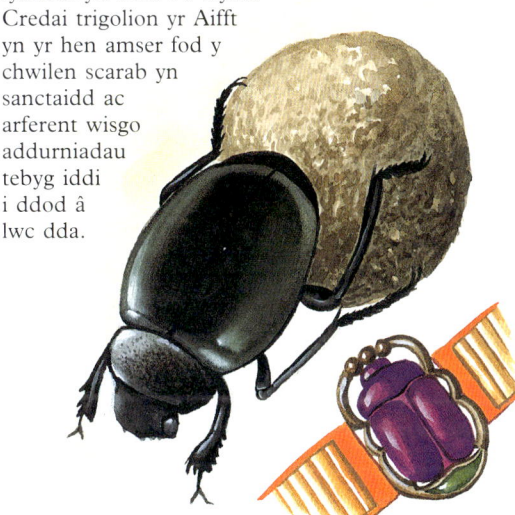

Goleuni oer

Cynhyrchir y goleuni mwyaf effeithiol yn y byd gan y fagïen neu'r 'tân bach diniwed'. Mae bron pob goleuni arall yn cynhyrchu gwres yn ogystal, sydd yn wastraff. Ond mae'r fagïen yn cynhyrchu goleuni oer—heb wres. Mae ei dull hi'n rhoi 20 gwaith mwy o oleuni o'r un faint o egni na golau trydan. Defnyddia'r fagïen ei goleuni i ddenu cymar.

Nifer mwyaf o goesau

Mae gan neidr filtroed gyffredin hyd at 200 o goesau, ond mae gan rai mathau hyd at 710. Mae rhwng 28 a 354 gan y neidr gantroed. Gallant gerdded ar gyflymder o 1.8km yr awr ond ni allant redeg. Y creadur nesaf atynt o ran nifer ei goesau yw'r llyngyren felfed sydd ag 82.

Y mantis ffyrnig

Fe geir tua 800 rhywogaeth o'r mantis. Byddant yn plygu eu coesau blaen ac yn edrych fel petaen nhw'n gweddïo. Ond nid dyna beth maent yn ei wneud—ond aros i ddal eu hysglyfaeth nesa. Mae'r mantis fenyw mor beryglus i bryfed eraill nes y gwnaiff hyd yn oed fwyta ei chymar ei hun.

Pencampwr neidio

Gall chwannen neidio hyd at 350 gwaith ei hyd ei hun. Mae hyn gyfystyr â dyn yn neidio 600m yn y naid hir, a 260m yn y naid uchel.

Gloÿnnod byw a gwyfynod

Mae gloÿnnod byw yn wahanol i wyfynod mewn amryw o ffyrdd. Un gwahaniaeth yw bod gan löyn byw lwmp ar flaen ei antena tra bod antena'r gwyfyn yn debyg i bluen. Gwahaniaeth arall yw bod adenydd glöyn byw yn cau uwchben y corff pan fydd yn gorffwys tra bod gwyfyn yn plygu ei adenydd ar hyd y corff.

Edau silc

Bydd lindys y gwyfyn silc yn adeiladu cocŵn am ei gorff i'w gadw'n ddiogel tra'i fod yn newid i oedolyn. Adeiladir y cocŵn o un edau silc sy'n gallu bod dros 1,600m o hyd. Cafodd lindys y gwyfyn silc ei fagu yn China am filoedd o flynyddoedd am yr edafedd.

Glöyn ymfudol

Treulia iâr fawr America y gaeaf yng Ngwlff México cyn ymfudo i Ganada yn y gwanwyn. Ar y ffordd bydd yn dodwy wyau a bydd y gloÿnnod ifanc newydd yn parhau â'r siwrnai. Yn Ewrop bydd yr iâr fach dramor yn ymfudo o ogledd America cyn belled â Gwlad yr Iâ.

Y cicada cysglyd

Mae tua 2,000 math o *cicada*, pryfed mawr sydd yn gwneud sŵn uchel ar nosweithiau poeth. Bydd un math, ar ôl iddo ddeor, yn twrio i'r ddaear i chwilio am wreiddyn ac yn bwydo arno bron ynghwsg am 17 mlynedd. Yna bydd yn deffro ac yn dod i'r wyneb i dreulio pum wythnos o fywyd fel oedolyn cyn marw. Ceir math arall sydd yn treulio 13 mlynedd o dan y ddaear.

Morgrugyn sy'n ei fwyta'i hun

Bydd brenhines morgrug du y gerddi yn bwyta rhan o'i chorff ei hun ar ôl iddi hedfan a chydmaru yn yr haf. Pan ddychwela i'r nyth bydd yn brathu ei hadenydd ac yn eu bwyta. Bydd bwyta ei hadenydd, ynghyd â'r braster yn ei chorff, yn ddigon i'w chynnal tan fydd ei hwyau'n deor a'r genhedlaeth nesa o weithwyr ar gael i'w bwydo.

Y gleren Fai fyrhoedlog

Y pryfyn â'r bywyd byrraf yw'r gleren Fai. Bydd rhai mathau yn byw ond am ddiwrnod neu ddau. Y pryfyn sydd yn byw hiraf yw brenhines y termeitiau. Gall hi fyw am 20 mlynedd. Ychydig wythnosau yw bywyd y rhan fwyaf o bryfed unwaith iddynt dyfu'n oedolion.

Gweld heb lygaid

Gall rhai pryfed, fel y gocrotsen, ymateb i oleuni hyd yn oed pan fydd eu llygaid wedi eu gorchuddio, a hyd yn oed pan dorrir eu pennau i ffwrdd! Mae'n ymddangos bod eu croen yn ymateb i'r golau.

Clywed trwy eu coesau

Mae clustiau rhai mathau o gricedon ar eu coesau. Math o groen tenau yn gorwedd ar gelloedd synhwyro yw'r rhain. Maent yn sensitif i sŵn ar amledd uchel ac yn ddefnyddiol i'r gwryw allu lleoli galwadau'r fenyw.

Pla o locustiaid

Gall haid o locustiaid (math o sboncyn gwair anferth) fod yn 50km o hyd ac 8km o led. Buasai hyn yn cynnwys 500,000 miliwn o bryfed. Gallai haid farus o'r fath fwyta'r bwyd fyddai ei angen i gynnal 20 miliwn o bobol.

Miliynau o wyau

Gall pysgodyn penfras benyw ddodwy dros 6 miliwn o wyau bob tymor. Weithiau bydd cannoedd o filoedd o wyau yn cael eu dodwy mewn diwrnod. O'r holl wyau, efallai mai dim ond un neu ddau fydd yn llwyddo i dyfu'n oedolion. Bwyteir y rhan fwyaf ohonynt gan greaduriaid eraill y môr, felly mae angen llawer o wyau i wneud i fyny am yr holl golledion.

Pysgod trydan

Mae amryw o bysgod yn gallu rhoi sioc drydan i beth bynnag sydd yn eu cyffwrdd. Tyfa'r llysywen drydan o Dde America i 3m a gall roi digon o sioc i daro ceffyl yn anymwybodol. Bydd yn dal pysgod a llyffantod trwy'r dull hwn ar gyfer eu bwyta. Ceir pysgodyn barfog trydan yn Affrica sydd tua hanner maint y llysywen drydan ond sydd bron yr un mor beryglus.

Pysgodyn yn saethu

Mae'r pysgodyn saethu o dde-ddwyrain Asia yn saethu pryfed â chwistrelliad o ddŵr o'i geg. Gall daro pry tua 1m i ffwrdd a phan gwympa'r pry i'r dŵr bydd yn ei ddal a'i fwyta.

Pysgodyn pedwar-llygeidiog

Yn America drofannol mae yna bysgodyn â phedwar llygad. Bydd yn nofio ar wyneb y dŵr yn chwilio am bryfed i'w bwyta, gyda'i lygaid hanner i mewn a hanner allan o'r dŵr. Mae hanner uchaf y llygad wedi ei addasu i weld yn yr awyr a'r hanner isaf i weld yn y dŵr. Gall y pysgodyn weld beth sy'n digwydd uwchben ac o dan y dŵr ar yr un pryd.

Mamolion y môr

Er bod teulu'r morfilod yn treulio eu holl fywyd yn y môr, nid pysgod mohonynt. Maent yn famolion sydd yn geni eu rhai bach yn fyw ac yn eu bwydo â llaeth.

Mae pysgod yn waed oer ond mae morfilod yn waed cynnes. Cedwir eu cyrff yn gynnes gan haen drwchus o fraster. Gall pysgod anadlu trwy eu tagellau ond rhaid i forfilod gael aer a bydd yn rhaid iddynt ddod i'r wyneb i anadlu. Gall rhai morfilod aros o dan y dŵr am dros awr cyn bod angen iddynt anadlu awyr eto.

Galwad morfil

Galwad y morfil cefngrwm yw'r sŵn uchaf a wneir gan unrhyw greadur byw. Mae'n uwch na sŵn awyren uwch-sonig wrth iddi godi i'r awyr, a gellir ei glywed dros bellter o 800km.

Nofio neu suddo

Mae gan y rhan fwyaf o bysgod goden o aer yn eu cyrff i'w cadw rhag suddo. Nid yw hyn yn wir am deulu'r siarc, ac oherwydd hynny mae'n rhaid iddyn nhw ddal i symud drwy gydol eu hoes. Petai siarc yn peidio symud fe fyddai'n suddo i waelod y môr. Mae rhai aelodau o'r teulu wedi rhoi'r gorau i symud yn gyson ac wedi dewis aros ar y gwaelod. Cathod môr yw'r rhain a byddant yn gorwedd ar wely'r môr yn bwyta pysgod cregyn a chreaduriaid eraill.

Dannedd siarc

Y siarc yw un o'r helwyr ffyrnicaf. Peidiwch â disgwyl trugaredd gan siarc sy'n ymosod. Bydd siarcod yn mynd mor gynddeiriog wrth ymosod nes byddant weithiau yn bwyta'i gilydd. Mae gan siarc hyd at 1,000 o ddannedd miniog fel rasal wedi eu gosod mewn tua dwsin o resi. Bydd y rhesi ôl yn graddol symud ymlaen fel y bydd y rhesi blaen o ddannedd yn treulio.

Ymwthiad jet

Mae'r morlawes yn symud drwy ddefnyddio jet. Drwy wthio dŵr yn gyflym o dyllau arbennig yn ei gorff gall symud yn gyflym iawn. Gall un math o forlawes hyd yn oed hedfan dros wyneb y dŵr fel awyren jet.

Pigiadau marwol

Math gwenwynig iawn o sglefren fôr yw'r hwyl fôr. Nofia ar wyneb y môr gan gael ei chario gan y gwynt a'r cerrynt. Mae ganddi swigen fawr yn llawn awyr sydd yn gweithredu fel hwyl i ddal y gwynt. O dan wyneb y dŵr ceir llinynnau hir, tua 50m, yn llawn pigiadau peryglus. Gall y pigiadau hyn ladd unrhyw bysgodyn y byddant yn ei gyffwrdd. Gallant hefyd ladd pobl.

Ceffyl môr

Pysgodyn yw'r ceffyl môr â phen ceffyl a chynffon mwnci. Fe saif yn dalsyth yn y dŵr a gall nofio yn ei flaen, yn ôl, i fyny ac i lawr gyda chymorth yr asgell ar ei gefn. Bydd yn troelli ei gynffon am ddarn o wymon i aros yn ei unfan a gall newid ei liw er mwyn ymdoddi i'r cefndir i osgoi perygl. Yn rhyfedd iawn y gwryw sydd yn rhoi genedigaeth i'r rhai bach. Ar ôl i'r fenyw ddodwy bydd ef yn casglu'r wyau i boced yn ei gorff a'u cadw yno nes byddant yn deor.

Pen llif

Math o siarc yw'r pysgodyn pen-llif. Gall dyfu i tua 8m o hyd. Ar flaen y pen mae llafn hir a dannedd llif bob ochr iddo. Gall y llafn fod yn 2m o hyd. Defnyddia'r llafn i grafu bwyd oddi ar wely'r môr ac i ddal pysgod. Bydd y pen-llif yn plymio i haig o bysgod gan daro â'r llafn i bob cyfeiriad.

Danteithfwyd marwol

Y pysgodyn bol-swigen yw un o'r creaduriaid mwyaf gwenwynig yn y byd. Gall ychydig o'i gig wenwyno unrhyw greadur sy'n ceisio ei fwyta. Ond yn Japan ystyrir bod ei gig yn ddanteithfwyd! Mae rhai cogyddion Japaneaidd yn cael eu hyfforddi i goginio'r pysgodyn mewn ffordd sy'n dinistrio'r gwenwyn. Petai cogydd heb fod yn arbenigwr byddai ei gwsmer yn siŵr o farw.

Bwytawr pobol

Y grwper yw un o'r pysgod esgyrnog mwyaf yn y moroedd cynnes. Gall rhai ohonynt bwyso hyd at 4,500kg sydd yr un pwysau ag eliffant. Mae'n hollol ddi-ofn gan ymosod ar unrhyw beth ddaw i'w diriogaeth. Mae llawer stori am grwper mawr yn lladd a bwyta deifwyr.

Pibellau gwaed

Mae gwythiennau'r morfil glas mor fawr fel y gallai pysgodyn—pennog neu frithyll—nofio trwyddynt yn hawdd. Y wythïen fwyaf mewn pobl yw'r aorta, sydd tua 2.5cm o led.

Y llygaid mwyaf

Y llygaid mwyaf gan unrhyw greadur yw rhai'r morlawes cawraidd. Mae pob llygad yn 40cm ar draws ac yn cynnwys dros 1,000 miliwn o gelloedd sy'n sensitif i oleuni (bron 100 gwaith mwy nag sydd yn ein llygaid ni). Ond ni all y celloedd hyn wahaniaethu lliwiau. Felly, er bod y morlawes yn gweld yn dda mae popeth yn ddu a gwyn iddo.

Calon neu ben?

Mae calon y berdysen yn ei phen.

Clywed heb glustiau

Mae gan bysgod organau synhwyro ar eu cyrff sy'n eu galluogi i deimlo dirgryniadau yn y dŵr. Ffurfia'r organau hyn rwydwaith ar hyd y pen a'r ochrau a elwir yn llinell ochrol. Gall pysgod ddefnyddio hon i synhwyro symudiadau o'u cwmpas, ac i ddarganfod neu osgoi pethau yn y dŵr.

Pysgod yn hedfan

Gall y pysgodyn ehedog neidio i'r awyr o wyneb y môr ar gyflymder o 32km yr awr. Bydd ysgytiad o'i gynffon yn ddigon i'w godi i hedfan, a phan gwympa'n ôl i'r dŵr bydd ysgytiad arall yn ei godi eto. Gall godi 6m i'r awyr a gleidio am bellter o 400m.

Ffosil byw

Ar un adeg roedd gwyddonwyr yn meddwl mai ffosil yn unig oedd y coelacanth. Ond ym 1938 daliwyd un byw, oedd yn 1.5m, ger de Affrica. Ers hynny cafwyd bron i 100 o rai eraill oddi ar Ynysoedd Comoro ger Madagascar. Mae gan y coelacanth esgyll cryf iawn y gall eu defnyddio i gerdded ar waelod y môr. O'i berthnasau cyntefig ef yr esblygodd yr anifeiliaid cyntaf i ddod i'r tir.

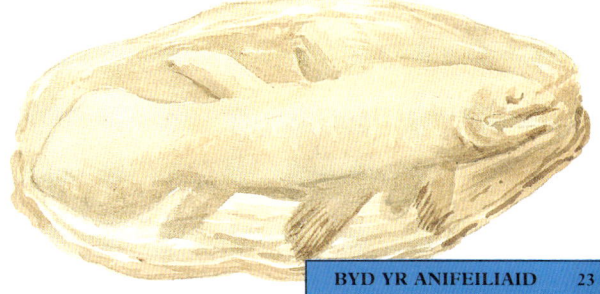

ADAR A CHREADURIAID ERAILL SY'N HEDFAN

A ddurno ei lecyn nythu

Daw'r aderyn bower o Guinea Newydd ac Awstralia. Gwna'r ceiliog lecyn dawnsio arbennig i ddenu cymar. O gwmpas y llecyn bydd yn gosod priciau i sefyll fel eu bod yn gwyro drosodd fel to. Yna bydd yn gosod plu, cerrig neu unrhyw beth lliwgar ar y llawr i'w wneud yn ddeniadol i'r iâr.

A deryn barus

Yn wahanol i'r pelican nid oes gan y pâl goden gyfleus dan ei big i gario bwyd ynddi. Serch hynny, gall y pâl gario hyd at 10 o bysgod ar y tro yn ei big. Bydd yn gosod y pysgod yn ofalus i orwedd ar draws ei big, gyda'r pennau i gyd ar y naill ochr a'r cynffonnau i gyd ar yr ochr arall.

Nyth byw

Nid yw'r pengwin brenhinol yn codi nyth i'w gywion. Does dim byd iddo wneud nyth ohono yn anialwch oer yr Antarctig lle mae'n byw. Yn hytrach, bydd yr wyau'n cael eu cadw'n gynnes rhwng coesau'r pengwin, yn gorwedd ar ben y traed. Pan ddeora'r cyw bydd yntau'n cael ei gadw rhag yr oerni yn yr un ffordd.

Neidiwr uchel

Treulia'r pengwiniaid Adélie y rhan fwyaf o'u hamser ym moroedd oer yr Antarctig. Byddant yn teithio dros 800km bob blwyddyn rhwng eu llecynnau bwydo a'u llecynnau nythu. Er eu bod yn drwsgl ar y tir gallant nofio'n dda. Pan fyddant yn cyrraedd pen eu taith byddant yn neidio'n syth o'r dŵr i'r tir neu i wyneb y rhew. Gallant neidio dair neu bedair gwaith eu huchder eu hunain.

Tafod hir

Mae gan y gnocell dafod hir iawn a bydd yn ei ddefnyddio i dynnu pryfed o graciau neu dyllau mewn coed. Mae wedi ei haddasu'n dda ar gyfer dringo a thyllu boncyffion. Bydd y gynffon galed fer yn ei chynnal wrth iddi ddringo ac mae dwy o'r crafangau yn cyfeirio'n ôl a dwy ymlaen i'w gwneud yn haws i afael yn y pren. Mae'r big finiog, gref wedi ei chreu'n arbennig i dyllu. Bydd pig y gnocell yn taro coeden ar gyflymder o 21km yr awr.

Nyth drewllyd

Mae nyth glas y dorlan yn drewi'n ofnadwy. Fe'i ceir mewn siambr fechan ym mhen draw twnnel cul mewn torlan afon. Pysgod yw bwyd y cywion, ac oherwydd nad yw'r rhieni yn glanhau'r nyth bydd y siambr yn llawn esgyrn pysgod a thameidiau o bysgod wedi pydru. Ar ddiwrnod poeth bydd aroglau'r carthion a gweddillion pysgod yn gwneud nyth glas y dorlan y mwyaf drewllyd o'r holl nythod adar.

Martha, y durtur deithiol olaf

Yn nechrau'r 1800au roedd y durtur deithiol yn gyffredin iawn yng Ngogledd America. Gwelid heidiau enfawr o 2,000 miliwn ohonynt, yn ymestyn am bron i 324km. Ond fe gaent eu lladd am eu cig ar y fath raddfa fel nad oedd erbyn 1900 ond ychydig ar ôl mewn sw. Bu farw Martha, yr olaf ohonynt, yn Sw Cincinnati ym 1914.

Gori'n hir

Yr albatros teithiol yw'r un sy'n dal y record am ori ar ei wyau am y cyfnod hiraf. Mae'n eistedd arnynt am 80 niwrnod. Yr adar sy'n gori am y cyfnod byrraf yw'r gnocell fraith fwyaf a'r gog bigddu. Bydd wyau'r rhain yn deor ymhen 10 diwrnod.

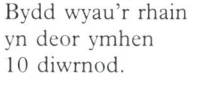

Wy mawr

Aderyn bychan, prin yw'r kiwi sydd yn byw yn Seland Newydd. Mae ei wy bron i chwarter pwysau ei gorff—sydd yn fawr iawn i aderyn bychan. Yr wy mwyaf o ran ei faint yw wy'r estrys, sydd gymaint â 20cm o hyd. Gallai omlet o un wy estrys fwydo 24 o bobol. Fe gymerai 40 munud i'w ferwi.

Ffawdheglwr pluog

Mae un math o wybedog y gwenyn yn reidio ar gefn adar mawr fel y crëyr a'r garan. Pan fydd yr adar mawr yn cerdded byddant yn tarfu ar sboncod gwair a phryfed a bydd y gwybedog yn neidio i lawr i'w dal. Bydd mathau eraill o wybedog y gwenyn yn dal gwenyn, cacwn a gweision y neidr sydd yn hedfan. Cyn ei fwyta bydd yr aderyn yn rhwbio'r pryfyn ar gangen i gael gwared â'r colyn gwenwynig o'r corff.

Y cigydd

Mae'r cigydd a'i deulu'n hela llygod, madfallod, adar bach a phryfed go fawr. Ar ôl dal ei fwyd bydd y cigydd yn ei drywanu ar ddraenen gref. Gwna hyn oherwydd nad oes ganddo grafangau cryf i ddarnio'i fwyd. Drwy ddefnyddio draenen fel bachyn cigydd gall dynnu darnau o gig o'i brae'n hawdd â'i big.

Curo'n gyflym

Gall aderyn y si guro ei adenydd 90 gwaith yr eiliad. Mae hyn yn ddigon cyflym i wneud sŵn suo neu hwmian. Drwy guro'i adenydd mor gyflym gall yr aderyn reoli ei ehediad yn berffaith. Gall hofran, a hedfan tuag yn ôl, tra bod ei dafod hir yn casglu neithdar o flodau.

Pen yn y tywod?

Nid yw'r estrys yn claddu ei ben yn y tywod pan fydd wedi dychryn. Yr hyn mae'n ei wneud mewn gwirionedd yw gorwedd ar lawr fel bod ei guddliw yn ei wneud yn anodd iawn i'w weld. Gall ymladd yn ffyrnig pan fo raid, gan gicio'n galed iawn. Gall hefyd redeg i osgoi perygl—ar gyflymder o 65km yr awr.

Aderyn newynog

Bydd yn rhaid i'r titw tomos las ganfod rhwng 500 a 1,000 o lindys bob dydd i fwydo'i gywion. Pan fydd yn nythu gerllaw coedlan bydd yr iâr yn dodwy hyd at 14 o wyau, ond mewn gerddi lle mae bwyd yn brinnach mae'n dodwy llai o wyau.

Hedfan am amser hir

Bydd y fôr-wennol fraith yn hedfan yn ddi-baid am oddeutu 4 blynedd ar y tro cyn glanio. Mae'n bwydo ac yn cysgu wrth hedfan.

Hedfan heb adenydd

Nid oes gan ystlum adenydd go-iawn fel aderyn, ond eto mae'n gallu hedfan yn dda. Yr hyn sydd ganddo yw croen tenau'n ymestyn rhwng bysedd hir ei ddwylo a rhwng ei fraich, ei gorff a'i goesau. Pan fydd yn ysgwyd ei freichiau, bydd y croen yn ei godi fel petai ganddo adenydd.

Mae gan y wiwer hedegog hefyd groen rhwng ei breichiau a'i chorff a'i choesau. Mae hi'n gallu gleidio o un goeden i'r llall. Mamolion yw'r ystlum a'r wiwer hedegog sydd yn rhoi genedigaeth i'w rhai bach yn fyw ac yn eu bwydo â llaeth.

Darganfod eu ffordd mewn tywyllwch

Nid oes diben i ystlumod ddefnyddio'u llygaid i hela oherwydd maent yn byw mewn ogofâu tywyll ac yn hela yn y nos. Yn hytrach, byddant yn defnyddio sain i ganfod eu ffordd. Rhoddant wichiadau uchel-sain wrth hedfan gan wrando ar yr atsain i wybod beth sydd o'u cwmpas. Gall yr ystlum fampir glywed seiniau ar amledd wyth gwaith uwch na'r hyn y gallwn ni ei glywed. Gall ystlum-ffrwythau Rousettus ganfod pethau sydd ond 0.5mm ar draws wrth hedfan.

Ystlum sy'n pysgota

Ym México ceir ystlum sydd yn dal pysgod. Bydd yn hedfan yn agos i wyneb afon ac yn hongian ei goesau yn y dŵr. Â'i grafangau gall felly ddal pysgod sy'n nofio yn agos i'r wyneb.

Yr ystlumod mwyaf a'r lleiaf

Yr ystlum mwyaf yw'r *kalong* neu'r ystlum-ffrwythau mwyaf Malayaidd. Fe'i gelwir hefyd yn llwynog yr awyr. Mae lled ei adenydd tua 1.5m ac mae'n gallu pwyso 1.9kg. Y lleiaf yw'r ystlum cacwn o Wlad Thai. Mae ei adenydd tua 16cm o led ac mae'n pwyso 1.75gm.

Gwahanol i gyd

Mae'r crwban, y terapin a'r crwban môr i gyd yn wahanol. Ar y tir mae crwbanod yn byw ac mae ganddynt goesau byr, tew. Bychan ydynt fel arfer ond ceir rhai sydd yn anferth, fel y rhai ar Ynysoedd y Galapagos. Y môr yw cynefin y crwbanod môr ac mae ganddynt goesau fel esgyll. Rhai bychan yw'r terapinod, sy'n byw mewn dŵr croyw; mae ganddynt draed ychydig yn weog.

Meithrinfa'r crocodeil

Bydd crocodeil afon Nîl yn dodwy ei wyau ymhell o'r afon ac yn eu claddu mewn tywod. Pan fydd yr wyau bron â deor bydd y rhai bach yn crio a daw'r fam yn ôl atynt. Dadorchuddia'r wyau er mwyn i'r rhai bach allu dod ohonynt ac yna bydd yn eu cario yn ei cheg at lan yr afon.

Arhosa'r rhai bach gyda'i gilydd mewn meithrinfa ddiogel tan y byddant yn ddigon hen i edrych ar ôl eu hunain.

Deintydd y crocodeil

Mae'r crocodeil yn lladdwr milain. Serch hynny, mae'n gadael i aderyn bychan, deintydd y crocodeil, fynd i'w geg i bigo tameidiau o fwyd o'r dannedd. Mae hyn yn llesol i ddannedd y crocodeil a bydd yr aderyn bach yn cael llonydd. 'Symbiosis' yw'r enw ar hyn, sy'n golygu cyd-fyw. Ceir llawer o enghreifftiau o anifeiliaid yn helpu ei gilydd fel hyn. Er enghraifft, mae pigwr yr ychain yn dal parasitau oddi ar groen y byfflo ac yn cael ymgartrefu ar ei gefn.

Yr aligator a'r crocodeil

Mae'r aligator a'r crocodeil yn wahanol iawn i'w gilydd. Yr aligator yw'r trymaf a'r arafaf o'r ddau. Mae trwyn aligator yn grwn tra bod trwyn crocodeil yn feinach a'i flaen yn troi i fyny. Gan yr aligator mae'r mwyaf o ddannedd. Mae gan y crocodeil un dant mawr sy'n sefyll allan ymhell hyd yn oed pan fo'i geg ar gau. Ni ellir gweld hwn pan fo ceg yr aligator ar gau. Ceir yr aligator yng ngwledydd America ac un math bychan yn China. Mae'r crocodeil i'w gael yn America, Affrica ac Awstralia.

Llyffantod a brogaod

Er bod llyffantod a brogaod yn debyg maent yn wahanol mewn amryw o ffyrdd. Croen llyfn sgleiniog sydd gan y broga (neu lyffant melyn), ac mae ei goesau ôl yn hir. Croen sych sydd gan y llyffant (neu lyffant dafadennog) wedi ei orchuddio â lympiau neu 'ddefaid' bychain ac mae ei goesau'n fyr. Bydd y broga'n dodwy ei wyau yn glystyrau

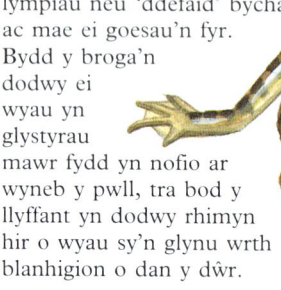

mawr fydd yn nofio ar wyneb y pwll, tra bod y llyffant yn dodwy rhimyn hir o wyau sy'n glynu wrth blanhigion o dan y dŵr.

Tad barus

Mae yna froga yn Chile sydd yn llyncu ei rai bach. Bydd y gwryw'n aros tan y bydd yr wyau bron â deor ac yna'n eu llyncu. Mae'n eu casglu mewn sach fawr sydd yn crogi o dan ei gorff a'u cadw yno tan y byddant wedi tyfu'n frogaod bach. Yna bydd yn eu poeri allan a byddant yn nofio i ffwrdd.

Wyau mewn pocedi

Mae gan y llyffant pipa o Surinam ffordd arbennig o warchod ei rai bach. Ar ôl dodwy, bydd y gwryw'n gwthio'r wyau ar gefn y fenyw. Byddant yn glynu yno ac fe dyfa croen drostynt fel pocedi. Ymhen pythefnos gellir gweld penbyliaid bach yn symud o dan y croen. Ar ôl wythnos arall bydd llyffantod bach yn torri allan o'r pocedi ac yn nofio ymaith.

Llyffantod heb dafodau

Yn Ne America ac Affrica fe geir llyffantod heb dafodau. Maent yn byw yn gyfan gwbl o dan ddŵr a does dim angen tafod arnynt i ddal eu bwyd. Defnyddiant eu bysedd i deimlo'u ffordd trwy'r dŵr mwdlyd lle maent yn byw. Yn Affrica fe'u gelwir yn llyffantod crafangog oherwydd y crafangau ar flaenau'r bysedd.

Llyffant Goliath

Y llyffant mwyaf yn y byd yw llyffant Goliath. Gall dyfu i'r un maint â chi bychan. Bydd yn bwyta crancod, malwod ac weithiau bysgod yn y pyllau ger glannau afon Congo.

Defnyddio'i ben
Bydd rhai llyffantod y coed ym México yn defnyddio'u pennau i arbed eu cyrff ar adeg o sychder. Gelwir y rhain yn llyffantod helmed oherwydd y platiau caled ar eu pen. Pan ddaw sychder bydd y llyffant helmed yn dringo i dwll mewn coeden. Unwaith yr aiff i mewn bydd yn cau'r twll â'i ben—yn union fel plwg. Bydd yr helmed yn ei arbed rhag colli dŵr o'i gorff.

Broga sy'n hedfan
Mae gan y broga hedegog draed mawr gweog. Pan fydd yn neidio oddi ar ben coeden uchel ac yn agor ei fysedd bydd ei draed yn gweithredu fel parasiwt. Gall hwylio drwy'r awyr am gryn bellter.

Ifanc ar hyd ei oes

Math o salamandr sy'n byw ym México yw'r acsolotl. Mae'n edrych fel salamandr arferol heblaw am y tagellau pluog sydd ganddo i anadlu o dan ddŵr. Ond mae'n anarferol iawn oherwydd ni fydd byth yn troi'n oedolyn. Digwydd hyn oherwydd bod y tir o'i gwmpas yn anffafriol. Gwell felly yw iddo aros yn y dŵr yn fythol-ifanc.

Allan o'r tân

Roedd pobl yn meddwl ar un adeg bod y salamandr tân Ewropeaidd yn cael ei eni o dân. Credid hyn oherwydd fe'i gwelid yn aml yn crafangio allan o goed oedd yn cael eu llosgi. Ond mewn gwirionedd roedd y salamandr yn cael ei yrru o'i guddfan dan y rhisgl gan y mwg a'r fflamau.

Anghenfil o fadfall

Yn anialwch Arizona, Utah a New Mexico y mae'r anghenfil Gila'n byw. Tyfa i ryw 60cm a gall droi'n ffyrnig iawn pan gaiff ei ddychryn neu pan fydd yn newynog. Mae'n un o'r ychydig fadfallod sydd â brathiad gwenwynig. Gall anghenfil Gila storio bwyd yn ei gynffon ar gyfer adegau o brinder. Pan fydd ei gynffon yn llawn bydd yn edrych yn drwsgl iawn.

Nadroedd byddar

Mae oddeutu 2,000 o wahanol fathau o nadroedd yn y byd ac nid oes gan yr un ohonynt glustiau i glywed sŵn fel y gwnawn ni. Yn lle hynny maent yn teimlo'r dirgryniadau a ddaw drwy'r ddaear. Bydd y dirgryniadau'n pasio trwy eu cyrff i organ synhwyro arbennig ger eu gên. Pan fydd y swynwr nadroedd yn chwarae cerdd, ni all y neidr ei glywed ond bydd yn ymateb i guriad ei droed.

Neidr yn hedfan

Yng nghoedwigoedd Borneo mae neidr sy'n gallu hedfan. Mae'n gallu gleidio am tua 20m drwy'r awyr o goeden i goeden. Gwna hyn trwy ei hel ei hun i siâp 'S', ei thaflu ei hun i'r awyr, a lledu ei hasennau'n wastad. Mae hyn yn ei galluogi i hwylio drwy'r awyr a rheoli cyfeiriad a hyd ei hehediad.

Y wasgfa fawr

Bydd y peithon, y boa a'r anaconda, sef y mwyaf o'r holl nadroedd, yn lladd eu hysglyfaeth drwy ei wasgu i farwolaeth. Bydd y nadroedd hyn yn eu lapio'u hunain am eu prae gan dynhau eu gafael amdano nes ei fod yn methu cael ei wynt ac yn mygu. Yna bydd y neidr yn ei lyncu'n gyfan.

Effaith tymheredd

Gwres sydd yn penderfynu pa ryw fydd crwbanod môr ifanc. Os yw'r tymheredd yn y nyth o dan 28°C bydd y crwbanod môr bach i gyd yn wryw. Os yw dros 33°C dim ond rhai benyw fydd yn deor o'r wyau. Os yw'r tymheredd rhwng 28°C a 33°C yna bydd nifer y rhai gwryw a benyw'n lled gyfartal.

Benywod cynffon chwip

Yn ne-orllewin yr Unol Daleithiau mae un rhywogaeth o'r fadfall gynffon-chwip i gyd yn fenywod. Byddant yn cenhedlu drwy enedigaeth wyryf, hynny yw heb fod angen tad i ffrwythloni'r wyau. Bydd y rhai bach fydd yn deor o'r wyau i gyd yn gopi perffaith, sef clôn, o'u mam.

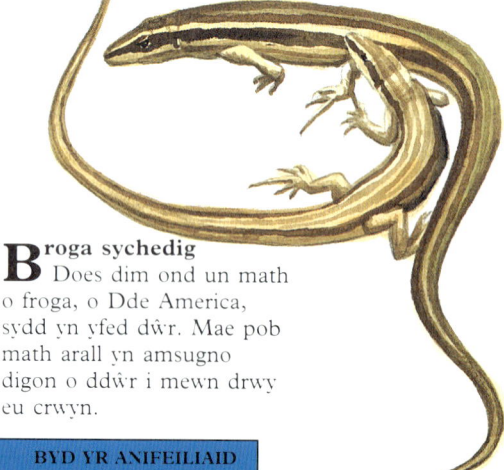

Broga sychedig

Does dim ond un math o froga, o Dde America, sydd yn yfed dŵr. Mae pob math arall yn amsugno digon o ddŵr i mewn drwy eu crwyn.

Magu'r baban

Magu'r baban Creaduriaid gwaed cynnes yw mamolion. Gallant gadw tymheredd eu cyrff yn gyson er bod tymheredd yr amgylchedd o'u cwmpas yn newid. I'w helpu i wneud hyn mae eu cyrff wedi eu gorchuddio â blew.

Bydd y rhai bach yn cael eu geni'n fyw ac yn cael eu bwydo â llaeth. Bydd y rhan fwyaf o famolion yn cadw'r rhai bach o fewn eu cyrff tan eu bod yn barod i'w geni. Ond mae rhai mamolion cyntefig, y monotremau, yn dodwy wyau fel ymlusgiaid.

Mae pobol, cathod, ystlumod, defaid a mwncïod yn famolion. Mamolion y môr yw morfilod a dolffiniaid. Yr unig famolion monotrem yw'r platipws pig-hwyaden a'r morgrugydd pigog o Awstralia.

Creaduriaid blewog

Creaduriaid blewog Mae gan bob mamolyn flew ar ei gorff, yn cynnwys morfilod a morloi. Ar gorff dyn mae rhwng 1 a 2 filiwn o flew gyda rhyw 100,000 o'r rhain yn wallt ar y pen. Bydd pob blewyn gwallt yn tyfu tua 8mm bob mis ac yn tyfu am tua 3 blynedd cyn i un arall gymryd ei le.

Mathau o epaod

Mae epa'n fwy na mwnci ac nid oes ganddo gynffon. Ceir pedwar math o epa: y gorila a'r tsimpansî o Affrica, yr orang-wtan o Borneo a Sumatera, a'r gibŵn o dde-ddwyrain Asia. Mae'r epaod yn perthyn yn agos i ni, a'r tsimpansî yw ein perthynas agosaf o'r holl anifeiliaid.

Mwncïod swnllyd

Y mwnci mwyaf swnllyd yw'r udwr neu'r *howler*. Pan fydd hwn yn sgrechian fe'i clywir 5km i ffwrdd. Wrth deithio trwy'r canghennau bydd teulu o udwyr yn swnio fel storm o daranau. Mae ganddynt goden o groen dan eu gyddfau sydd yn chwyddo ac yn cryfhau eu lleisiau.

Y mwnci hyllaf

Mae'n rhaid mai'r mwnci trwynog o Borneo yw'r hyllaf o'r holl fwncïod. Mae ganddo drwyn hir fel trwnc yn crogi dros ei geg. Fel y mae'r mwnci'n heneiddio bydd ei drwyn yn mynd yn hirach ac yn hirach. Bydd ambell un â'i drwyn yn crogi 17cm yn is na'i geg.

Iaith gudd

Y marmoset o ganolbarth a de America yw'r lleiaf o'r holl fwncïod. Nid yw'r marmoset pigmi ond tua 15cm o hyd. Bydd y marmosetiaid yn cysylltu â'i gilydd drwy sain uchel na all ein clustiau ni ei glywed. Felly pan fyddwn yn meddwl bod y marmoset yn ddistaw tybed a ydyw'n defnyddio ei iaith gudd?

Cwningod ac ysgyfarnogod

Mae'r gwningen a'r ysgyfarnog yn wahanol. Mae clustiau ysgyfarnog yn hirach na rhai cwningen ac mae hefyd yn anifail llawer mwy. Bydd cwningod yn hoffi cartrefu gyda'i gilydd o dan y ddaear ond bydd yr ysgyfarnog yn byw ar wyneb y ddaear ar ei ben ei hun fel arfer.

Gorymdeithio i farw

Creadur bychan tebyg i lygoden yw'r leming sy'n byw yn y mynyddoedd rhwng Norwy a Sweden. Bob rhyw bedair blynedd bydd nifer fawr ohonynt yn mynd ar orymdaith i farwolaeth. Digwydd hyn pan fo prinder bwyd dros ardal eang. Bryd hynny bydd y lemingod yn teithio ar hyd hen lwybrau ymfudo ac yn bwyta popeth ar eu ffordd. Bydd llawer yn marw wrth groesi afonydd, ond pan gyrhaeddant yr arfordir, plymiant dros y clogwyni i'r môr a boddi.

Gwddf hir

Mae jiráff gwryw'n 6m o daldra. Gall ei dafod ymestyn 45cm i hel dail oddi ar goed tal. Er bod ei wddf yn 2m o hyd dim ond saith o esgyrn sydd ynddo, sef yr un nifer o esgyrn ag sydd gennym ni yn ein gyddfau.

Trwyn fel blodyn

Trwyn fel blodyn
Mae blew twrch daear neu wahadden yn sefyll yn syth o'r corff fel y gallant blygu i unrhyw gyfeiriad wrth i'r twrch symud yn ôl neu ymlaen ar hyd ei dwnelau. Yn America mae gan y wahadden drwynseren gylch o 22 o deimlyddion ar flaen ei thrwyn yn debyg i betalau blodyn. Mae'r teimlyddion yn ei galluogi i ganfod ei bwyd yn haws.

Cynffon ddefnyddiol

Cynffon ddefnyddiol
Gall gwiwer gwympo 30m heb ei hanafu'i hun oherwydd bydd ei chynffon hir flewog yn gweithio fel parasiwt i'w harafu. Mae'r gynffon yn ddefnyddiol i gadw cydbwysedd hefyd wrth i'r wiwer neidio o gangen i gangen. Yn y gaeaf bydd yn lapio'r gynffon amdani ei hun i gadw'n gynnes.

Mynwent yr eliffantod

Mynwent yr eliffantod
Mae eliffantod yn greaduriaid cymdeithasol iawn. Byddant yn byw mewn grwpiau o hyd at 40 o aelodau ac yn cael eu harwain gan hen fenyw brofiadol. Pan fydd un ohonynt mewn trafferth bydd y gweddill yn ceisio'i helpu. Os disgynna bydd y gweddill yn ceisio'i godi. Cred rhai pobol fod yr eliffant yn mynd i lecyn arbennig i farw—mynwent yr eliffantod.

Y sloth araf

Y sloth, yng nghoedwigoedd trofannol de America, yw'r anifail arafa yn y byd. Ei gyflymder yw tua 2m y funud. Mae hefyd yn ddiog iawn. Treulia'r rhan fwyaf o'i amser yn crogi â'i ben i lawr gerfydd ei grafangau bachog oddi ar gangen. Ni fydd yn trafferthu i ymolchi a bydd ei flew wedi eu gorchuddio ag algae gwyrdd sydd yn guddliw da iddo. Tyfa ei flew i'r cyfeiriad croes i anifeiliaid eraill fel nad yw'r glaw'n llifo at y croen pan fo â'i ben i lawr.

Cwsg hir

Bydd marmot y coed yng Ngogledd America yn cysgu am wyth mis o bob blwyddyn. Nid yw'n effro ond yn yr haf. Fel y gwna pob anifail sy'n gaeafgysgu bydd marmot y coed yn bwyta mwy pan fo'r gaeaf yn nesáu er mwyn cronni braster. Wedi i'r braster gyrraedd tuag un rhan o saith o bwysau corff yr anifail fe fydd yn encilio i'w wâl danddaearol ar gyfer y gaeaf hir.

Gelynion marwol

Mae'r mongŵs a'r neidr yn elynion marwol. Fe ymosoda'r mongŵs dewr ar unrhyw neidr y daw ar ei thraws gan gynnwys y cobra peryglus. Dibynna ar ei gyflymder i neidio o'r ffordd i osgoi trawiad y neidr. Cyflwynwyd y mongŵs i Jamaica i gael gwared o nadroedd peryglus yno, ond yn fuan iawn deallodd y creadur call hwn ei bod yn haws i ddal ieir na nadroedd a daeth braidd yn blagus.

Adeiladwr argae

Afanc gogledd America yw'r pencampwr ar adeiladu argae. Gall godi adeiladwaith 66m o hyd wedi ei wneud o gannoedd o foncyffion coed. Mae hyd yn oed argae fechan iddo o leia 20m o hyd. Bydd yn codi cartre iddo'i hun yn y pwll y tu ôl i'r argae. Gall y llety hwn fod yn fawr, yn 1.8m o uchder a 6.5m ar draws, uwchben y dŵr.

Maint eliffant

Roedd yr eliffant mwyaf a gofnodwyd tua 3.8m o daldra. Y lleiaf yw'r eliffant pigmi o Affrica. Nid yw'r gwryw ond tua 2m o daldra.

Bridio'n gyflym

Amcanir, a chymryd na fyddai'r un gwningen yn marw, y byddai un pâr o gwningod yn medru cael 13,718,000 o ddisgynyddion mewn tair blynedd. Yn Awstralia doedd dim cwningod o gwbl ym 1800. Erbyn 1900 roedd disgynyddion yr ychydig barau ohonynt a ddygwyd yno gan fewnfudwyr gwyn bron wedi goresgyn y wlad.

Clustiau cyhyrog

Mae gan gŵn 17 o gyhyrau ymhob clust. Fe'u defnyddir i godi, gostwng a throi'r glust.

Llyg newynog

Mae'n rhaid i lyg 2g fwyta dair gwaith ei bwysau ei hun bob dydd. Byddai hyn yn gyfystyr â dyn neu ddynes yn bwyta 1 ddafad, 50 o ieir, 60 torth o fara a 12 dwsin o afalau bob dydd!